DR. IP

EPISODE 1

PREFACE 序

Francis Chong 鍾漢光

IP在很多企業家的認知裡,指的是智慧產權Intellectual Property。但這本漫畫的IP 指的是 Intangible Property,也就是無形資產。

在我過去20年的從業生涯中,見證過許多企業因為對IP產權的知識匱乏,而遭遇了許多挫折與打擊。打個通俗點的比喻,就是辛苦養大的兒子,因為沒有保護好產權,最終被迫叫別人老爸,這是讓我最感痛心的事。

或許很多人會覺得,自己的企業還不夠大,專利權是企業具備一定規模以後才需要操心的事,所以多年來競競業業,都沒把這件事放在心上。等到他們察覺到這一塊的重要性時,往往都是別人覬覦已久向他們展開所謂"侵權"訴訟的時候,要再採取行動挽救,所需付出的代價已經足以讓企業奄奄一息。

鑑於這樣的情況屢屢發生,我希望能夠透過我的專業心得,提高企業家們在這一方面的醒覺。又基於大眾對保護無形資產的警覺性不高,我必須想方設法讓他們更輕鬆的入門,於是便選擇了避開生硬分享的方式,選用漫畫的形式,來傳達我的理念。

在這本漫畫裡,IP博士就是我本人的真實寫照。我在馬來西亞從業20年,在臺灣也有9年之久,也在2018年義大利榮獲國際品牌大使的讚譽。當我到過的國家越多,服務的企業家客戶群越大,我越是堅信,提高保護無形資產的意識刻不容緩,而且這一行動,也沒有國籍之分。

我想傳達的是:所謂的IP不僅是品牌、商標的專利權和產品的外觀設計這麼簡單,還包括了合約、資料、協議書等等無形資產的保護。這些觀念是無國界的,只是操作上略顯不同而已。掌握了其中的內涵以後,不管你身在哪個國家都適用。

這本漫畫裡所提及的小故事,就是活生生發生在我的客户身上的案例。漫畫裡頭沒有生硬的學術語言,有的只是能夠點出關鍵問題的呈現手法。我也引導看官們在閱讀故事之後,對一些具體問題進行思考。我希望能夠以此啟發與警惕企業家們,讓他們審視自己的企業在保護無形資產這一塊的投入時,態度能夠更積極主動一些。能夠達到這一目的,便是本書最大的初衷。

我要非常感謝中華國際新娘藝術整體造型技能發展協會理事長陳韻如女士,以及迪摩麗品牌創辦人江翊瑄女士的協助。感謝她們不辭勞苦的為我東奔西走。要不是她們的落力幫忙,這本漫畫不會那麼順利的在臺灣發行,並且得到業界如此廣泛的迴響。最後,我要感謝我的太太與家人,從我創業到現在,不管遇到多大的困難都陪我一起度過,扶持我一路奮進。

我衷心希望讀者們能從這本漫畫中受惠。書中內容若有不盡善處,也歡迎讀者及企業家們不吝賜教。祝福各界都能在守護無形資產的進程中,越走越順遂。

推薦分享

迪摩麗品牌 創辦人江翊瑄

10年來從朋友變成家人的關係,一路看到Francis Chong的成長,透過他的專業給予我工作上更多的保護與理解,而「生活法律速讀課—智慧財產權」一書的出版,深信能讓讀者重視「智慧產權」在我們生活周遭的影響及應用,希望Francis Chong 把「智慧產權」的重要性透過此漫畫創作發揚光大!

中華國際新娘藝術整體造型技能發展協會　理事長陳韻如

「智慧產權」可說是各國法律保證人類精神活動成果,而創設各種權益是保證規定的統稱。結識鍾漢光馬來西亞分會長時間約6年之久,看著他為智慧產權的認真推廣執行,堅持作對的事,保護著「精神財產-智慧產權」,現在的IP博士鍾漢光秉持著不藏私著引用20多年的經歷,用漫畫淺顯易懂的方式,讓讀者們瞭解自身的利益及權利,避免損失!

這份精心策畫的心思也在千呼萬喚下出爐了,我相信這一本智慧產權漫畫會帶給讀者重要的啟發,突破迷思,在經營事業的道路上,重視自己及他人的智慧產權,更重要的是「做對事找對人」,取得保護智慧產權的鑰匙。支持「生活法律速讀課—智慧財產權」此書的創作及發行。

CHARACTER
人物介紹

IP博士（28歲）

◀◀◀◀◀◀

Francis，
爲人善良、
正義感強，經常
用自己的專業知
識幫助人。

黑博士（25歲）

◀◀◀◀◀◀

黑笙琳，
爲人狡黠、聰明機智，
主張專利是屬于有錢
人，所以只爲有錢人
服務。

布藍

蕾吉

柯比

蒂斯

佩登

（ copy-copyright ）
爲人熱情、充滿活力，
行動力滿滿，但有時
會衝動闖禍。

（ desi-design ）
性情溫和、有耐性，
別人對他講什麼都是：
啊……真的嗎？

（ Patent ）
我行我素，特立
獨行又聰明，而且很
拽，性情和原型都和
「某人」如出一轍……

（ bran-brand ）
好吃懶做，平時總是
懶懶散散，但遇事時
聰明冷靜，是事務所
的智多星。

（ regi-register ）
雖然不會說話，性情
和它臉上的顏文字一
樣簡單直接。

CONTENT
目錄

PG 06-21 事件一、肖像權被侵犯，你還剩什麼？

PG 22-23 Q&A 1　知識集

PG 24-39 事件二、盜取他人的著作權，你還剩什麼？

PG 40-41 Q&A 2　知識集

PG 42-57 事件三、專利被侵奪，你還剩什麼？

PG 58-59 Q&A 3　知識集

PG 60-75 事件四、申請不到專利，你還剩什麼？

PG 76-77 Q&A 4　知識集

PG 78-93 事件五、地理標示被奪，你還剩什麼？（上）

PG 94-95 Q&A 5　知識集

PG 96-111 事件六、地理標示被奪，你還剩什麼？（下）

PG 112-113 Q&A 6　知識集

PG 114-129 事件七、作品名稱被抄襲，你還剩什麼？

PG 130-131 Q&A 7　知識集

PG 132-147 事件八、商標被剽竊，你還剩什麼？

PG 148-149 Q&A 8　知識集

DR. IP 博士

肖像權被侵犯，你還剩什麼？

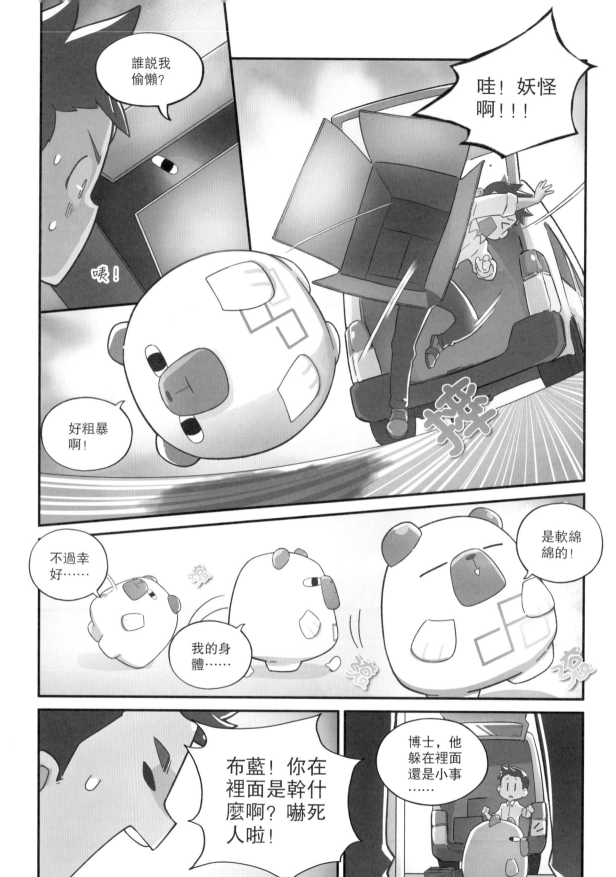

兩位先請坐吧！

哦……謝謝！

請用茶！

所以IP到底是什麼啦？又Copyright、Brand、Design、Register什麼的……

這個嘛……

那我們就以嬰兒來比喻IP如何？

嬰兒？

=IP

品牌或作品就像是自己的嬰兒。

對！比如我們的識別臉就是著作權，父母遺傳給我們的基因或指紋就是專利，我們的名字就是品牌！

識別臉
遺傳基因
报生纸 名字身份
衣著喜好

我們平日的服裝打扮就是設計，這樣才是一個完整的品牌需要有的要素！

原來……

Jack，這是你自己畫的對嗎？

呃……嗯！

你們看！他自己都承認了！

不，這件T恤不但沒有侵權……

而且著作權應當是歸Jack所有哦！

這部分就由我們來解釋給您聽吧！

原因就在於……

COPY

19

這畫是Jack叔叔畫的!

BINGO!

就因為是我自己畫的,所以没有侵權?

没錯!

事實上,著作權並不是像包租婆理解的那樣的!

所謂著作權是具有財産性的,並具有一定的藝術價值。

雖然Jack畫的是包租婆,但這T恤的作者是Jack,所以這著作權是屬於他,而不是包租婆哦!

而且……

比如……

呢，兩位……

Rose……*曾經，有一份真摯的愛情擺在我的面前，我沒有珍惜，

等到失去的時候才追悔莫及……如果上天能够給我一個重來的機會，我會對那個女孩子說：我愛你。

如果非要給這份愛加上一個期限，我希望是……一萬年。

討厭……很多人看著呢……

兩位不好意思，我們想起還有東西要買，先告辭了……

*摘自：《大話西遊》1994，由周星馳飾演的至尊寶向朱茵飾演的紫霞仙子所說出的經典臺詞。

就這樣，我們的IP事務所終於順利開業了！

Q&A1:
什麼是肖像權?

使用

專有權

A：

　　肖像權指的是個人就自己之肖像是否製作、公開及使用之權利，其乃是個人外部特徵，體現個人尊嚴及價值、自我呈現之權利，屬於人格權的一種。另外，肖像權人自有決定是否揭露其肖像、及在何種範圍內、於何時、以何種方式、向何人揭露之決定權，故未經同意刊登他人肖像，或對他人肖像進行侮辱、詆毀等，都可能會侵害他人的肖像權。

Q&A2:
如何算是侵犯肖像權?

A:

　　一般而言,只要未經本人同意,擅自散布、製作、公開他人肖像,都可能違法。不過,是否確有受侵害,還是要以客觀上社會評價為準,不能以肖像權人主觀上之感受為認定標準。也就是說,基於人群共處相互容忍之必要及社會利益,肖像權之保護應受限制。另外,被侵害之肖像是否涉及情節重大,法院也是會從被侵害者是否為公眾人物、使用場合、使用目的等因素為綜合之考量。

DR. IP 博士

盜取他人的著作權，你還剩什麼？

28

喂！你是誰啊？幹嘛威脅人？

我是誰不重要，我在這裡是代表我的客户告你！

這位……就是我的客人——梁石丘先生！

可是不久，艾琳娜便忽然患上急病，永遠的離開我了！

那是我和她最珍貴的回憶……

多麼淒美的愛情故事！

没錯！然而這麼美麗的照片和故事……

就這樣被你盜竊並侮辱了！

32

廢話少說！你還是準備進監牢吧！

事情都還沒搞清楚，你怎麼亂恐嚇別人！

哼！

都是我不好……

糟蹋了你那麼珍貴的回憶……

對不起！！

34

你、你要幹嘛？要打就打我的臉！不要打我的Rose……

太感動了！

你的心情我完全能够理解！

雖然改得很爛……

我決定不告你了！

但是你完全理解了這幅照片的精髓！

我……終於找到知音了！

35

我在你的故事中感覺到了我與艾琳娜愛的延續！

太好了，謝謝你我會繼續努力的！

呼……好險！幸好原作者戲劇性不告了！

果然不出我所料，一切都在我的掌控當中……

你還有臉說！你剛才都死哪兒去了？！

我回來啦！怎麼那麼熱……

……鬧，嗯？

哇！這是怎麼回事？

你又沒經我的同意隨便把我的照片貼去車上！

我要告你！

這只是一場誤會！你聽我說……

呃……

哇塞，這下子真是沒完沒了啊！

話說回來，剛剛那個怪女子怎麼不見了？

那名女子到底是誰啊？

卡沙！

事情進展得還順利嗎？

主人……

不過也無所謂，

這次的事件就當做是個見面禮吧！

主人英明！

雖然没成功告到……

我回來啦！

她到底是誰？

我要告他！

這裏發生什麼事？

我是有苦衷的……

博士，剛剛有個頭上頂著天線的女子特地來找Jack大叔的碴哦！

看起來很可疑，感覺來者不善！

頂著天線的怪女子……怎麼感覺似曾相識！

到底是誰呢？

我要告你！

不要啊！！

Q&A1:
什麼是著作權?

copyright

A：

　　著作權（Copyright）是為了保護作者所創作的著作，而由法律創設的專有權利，例如圖書、音樂、繪畫、雕塑、電影、電腦程式、資料庫、地圖和建築等，都受到著作權的保護。一般大眾會將著作權稱為「版權」，實際上版權是通俗用語，著作權一詞才是法律用語。

參考出處：WIPO: What is copyright?

Q&A2:
著作權如何取得?

X

A : /////////////////// ///////////////////

　　目前大部分國家對於著作權取得的方式,多採取創作保護主義,也就是著作人在創作完成時,即取得著作權,不用再透過相關的註冊或申請。雖然有些國家還是有保留著作權登記的制度,不過這只是便於幫助了解作品的創作人為誰,以及促進相關的交易流程而已,並不會妨礙著作權取得的有或無。

至於誰可以擁有著作權呢?(著作權取得的主體包括那些?)就法律上來說,可分為自然人跟法人。自然人就是在法律上可以享有權利義務的一般人,例如你、我等;法人就是法律所創設的一種權利義務主體,則包括政府、公司、團體組織等。自然人或法人擁有著作權的期限,在不同國家有不同的規定,以台灣為例,自然人的話則是著作人的生存期間再加50年(註:歐盟、美國多是生存期間再加70年);至於法人則是作品公開發表後50年。

參考出處:WIPO: What is copyright?

事件三

專利被侵奪，你還剩什麼？

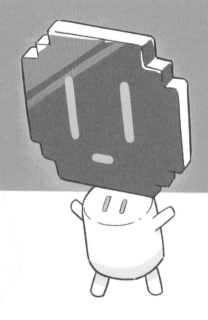

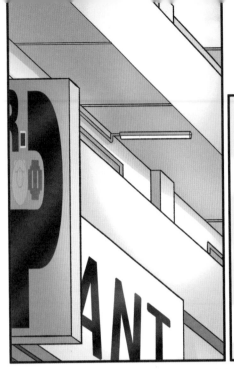

……

可惡！這傢伙一天到晚就只會吃喝睡！

哇！

沒反應是嗎？沒關係，我還有絕招！

這就是我家的孩子啦！

你們稍等啊……

好好吃的樣子！

沒錯！這就是我們家祖傳的喵三王榴蓮蛋塔！

這是由我祖父所發明的食譜，

傳到我喵三爺手中至今已經第三代了……

但有一天，我發現我們辛苦研發的產品，

忽然被別人給偷走，而且還變成熱銷產品！

我便去質問對方爲什麼搶走我的孩子……

他們説他們早已申請了專利，是合法品牌，根本就構不成抄襲，就把我掃地出門了！

也就是説這人抄了您的產品做了自己的招牌產品，

還將之申請爲自己的專利……

可惡！不能讓這些混蛋逍遙法外，

博士，我們幫喵爺爺告他侵權！

不……這不行……

咦？

明記餅家

核桃酥 $3
雞蛋糕 $1
金桃酥 $3
蛋撻 $3
杏仁餅 $3
老婆餅 $2
光酥餅
鹹蛋酥 $4
菠蘿包 $1
豆沙餅 $2

哇！好古色古香的老餅家啊！

好多好吃的！

各位請進吧！

來，博士請看……

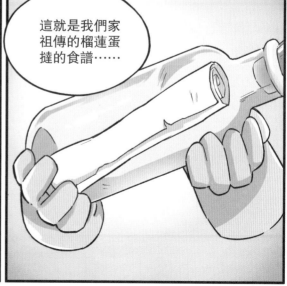

這就是我們家祖傳的榴槤蛋撻的食譜……

來，蕾吉這事就拜託你了！

掃描中

鏘鏘！

1954

數據出來了！果然時間比對方註冊的時間要早很多！

蕾吉其中最重要的功能，

那就是可以檢測產品的研發時間，

還可以辨別哪些IP申請的真偽，非常方便哦！

柯比！你負責問街頭的人們是否對喵三王榴蓮蛋撻有印象！

好！

你們就負責街尾吧！

現在有了物證，接下來就是人證了！

好……

大家努力找出證據
這場仗就有勝算！

於是博士等人，
非常積極地四處
走訪、收集證據
⋯⋯

嘻嘻
嘻⋯⋯

夜晚

喵～

咔一

剛剛好像
聽到這裡
有聲響……

一個人也沒有呢！
看來是我聽錯了！

食譜到手了
趕緊離開！

是誰？!

……

哦，原來是超大
隻的蜥蜴……

我也沒想到他
居然信了……

55

這可是我們剛優化的產品，喵三王雪山飛狐蛋撻啊！

我們可是重新改良過的新食譜所推出的新產品哦！

再說了！就你們那點又破又老舊的食譜，我們用得著要抄你們嗎？

既然如此那沒辦法了，我們只能放棄提告。

等等！

博士……

好久不見啊！IP博士……

果然沒錯！真的是她！

Q&A1:
什麼是專利?

專利

A：

　　專利是對發明所授予的一種專有權利。透過不斷的技術研發創新，或是提出新的技術解決方案，將使得人類生活更為進步，因此，當發明人將其技術申請專利後，經過審查且在符合專利法的規定下，將其技術公開，則可獲得專利權。專利權人在一定期間內，可以專有地排除他人未經其同意而實施其技術的權利。

參考出處：WIPO: What is Patents?　　　　經濟部智慧財產局：何謂專利？

Q&A2:
什麼是專利合作條約(PCT)?

A：

　　專利保護是屬地原則，必須在各國分別申請專利，分別接受審查，分別取得專利權，也就是說在 A 國取得專利，並不能夠在 B 國適用。不過，如果透過專利合作條約Patent Cooperation Treaty，(PCT) 申請，則專利申請人將可能在大部分的國家取得同樣的保護。專利合作條約由世界智慧財產組織(World Intellectual Property Organization；WIPO) 管理，至2020年3月止有153個會員國，目前台灣還不是「PCT」會員國。

參考出處：WIPO:
The International Patent System

經濟部智慧財產局：有些廣告或型錄會標註「世界專利」、「國際專利」，何謂「世界專利」、「國際專利」？

DR.**IP**博士

事件四

申請不到專利，
你還剩什麼？

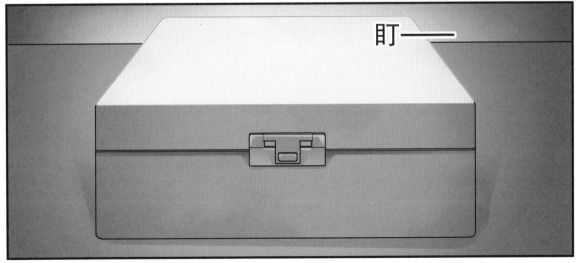

咔嚓!

她現在也還在生氣嗎?

唉……

嗯?

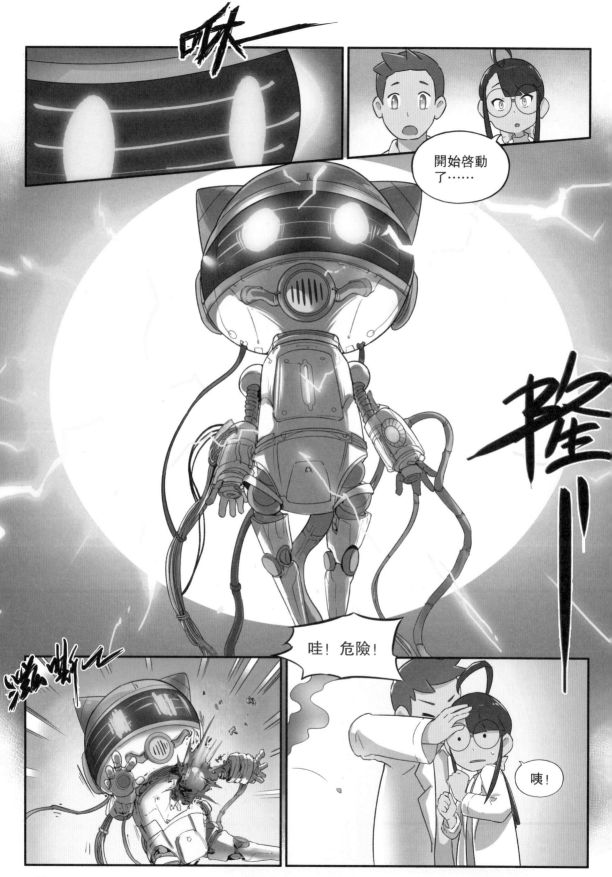

67

所以這就是你的事務所嗎？

就靠這幾個矮、笨、矬的傻瓜來張羅嗎？

這討人嫌的語氣，怎麼那麼似曾相識啊？

哼！有趣，我倒想看看你這幾個矮笨矬能幫你把這地方弄得怎麼樣的德性！

反正無論怎麼看，我都是你製造的型號中最優秀的！

呵呵！

CHAPTER 4

Q&A1:
什麼是《伯恩公約》?

X

A：

　　伯恩公約全稱為《保護文學及藝術著作之伯恩公約》(Berne Convention for the Protection of Literary and Artistic Works)，是有關著作權保護的國際公約。其所保護的著作類型，包括了：1.「文學及藝術著作」；2.固著之可能要件；3.衍生著作；4.官方文書；5.集合著作；6.保護之義務；保護之受益人；7.應用藝術著作及工業設計；8.新聞等。而所謂「文學及藝術著作」，主要是指以任何方式或形式表達之文學、科學及藝術範圍之製作物。伯恩公約於1886年於瑞士伯恩簽署，生效至今（2020年）共有177個簽約國。

伯恩公約有三個基本原則，說明如下：

1. 國民待遇原則：作品源自於任一會員國（即作者為該國國民，或首次公開發表是在該國發生）者，各個會員國都應該給予該作品等同其本國國民作品的保護。

2. 自動保護原則：著作權的保護不待辦理任何手續，於作品完成時即可自動取得。

3. 獨立保護原則：各個會員國對於著作的保護，應該依照各個會員國所規定的法律；如果會員國所規定的保護期間比公約的期限長，且作品源流國已經不再對該作品保護時，則可以自作品源流國保護期間止起停止保護。

參考出處：Summary of the Berne Convention for the Protection of Literary and Artistic Works (1886)

Q&A2:
什麼是TRIPS？

X

A：

　　TRIPS全稱為Agreement on Trade-Related Aspects of Intellectual Property Rights，中文譯為《與貿易有關之智慧財產權協定》。該協定是架構在WTO（世界貿易組織）下，主要的目的在於減少國際貿易的扭曲與障礙，並顧及對智慧財產權之有效及保護的必要性，確保執行智慧財產權措施及程序的協調性，因此要求各個會員國在執行國內相關智慧財產權法律及規則時，需符合TRIPS的相關規範。TRIPS主要的規定包括：揭示國民待遇、最惠國待遇等原則；智慧財產權範圍及使用（包括著作權、商標、工業設計、專利、積體電路之電路佈局、營業秘密）；邊境措施有關的特別規定等。

參考出處：WTO：Intellectual property: protection and enforcement

經濟部智慧財產權局：TRIPS—與貿易有關的智慧財產權協定

DR.P 博士

地理標示被奪，你還剩什麼？（上）

這是蒂斯的特殊功能之一!

原是博士工作煩躁時,用於鎮定情緒的!

那個布丁頭的是什麼功能啊?

我們其實還有許多功能還沒解鎖的喲!

是不是開始對我們改觀……

哼!

太好了,大家終於冷靜下來了吧?

不知道各位找我有什麼事呢?

是這樣的,眾所周知艾品乾麵是我們艾品鎮的特色麵食,很多小販都有賣。

有一天……

忽然來了個叫「教父」的的大老板帶了一大幫人，

說我們不能再用這「艾品乾麵」的餐牌或招牌，

因爲那產品名字早已被他們註冊了地理標示！

當中還有個恐怖的長髮魔女威脅我們，

若是敢再用這名字就要告我們！

如今是嚇到鄉親們都不敢再用艾品乾麵這名字賣麵了，

我們的生意受到極大的影響……

笙琳……

哼！都走了嗎？我本來還要一個打十個呢！

詠春布藍！

這家伙……

博士……

剛剛那個長髮魔女是誰？

這……

唉……

她和我們有什麼關係嗎？

她其實叫黑笙琳，她就是和我一起把你創造出來的人……

原來那黑魔女就是你的「媽媽」啊！

難怪我之前就一直覺得這貓耳朵討人厭的語氣在哪裏聽過！

哼！無聊！我才沒什麼媽媽！

剛剛麻煩你們了，來吃點麵吧！

哦，謝謝……

滴滴！

Oh Shit！

別人請你吃東西幹嘛罵人啊？

指

Oh Shiiiiit！

這些孩子是怎麼了？

啊，那其實是柯比的能力，只要有東西侵犯了智慧財產權，頭頂上的COPY就會亮燈……

就是說我的艾品麵侵犯了智慧財產權啊！

那個黑魔女的證明書果然是真的！

92

Q&A1:
什麼是地理標示(G.I.)？

A：

地理標示(Geographical Indications, G. I.)是指辨別商品來自於特定地區的標示，且該商品的特定品質、聲譽或其特性，主要係由該地區的自然或人文因素所決定。例如香檳酒(Champagne)一詞，僅限生產在法國香檳區且使用特定葡萄品種和加工方式的才能稱之。此制度主要是用來保護地方特色的產品。地理標示在台灣稱為「產地標章(Geographical marks)」，例如「池上米」是指產自台東縣池上鄉，且其品質符合良質米標誌規範，才能使用「池上米」這個名稱。

參考出處：WIPO: What is a geographical indication？

經濟部智慧財產局：臺灣產地標章制度

Q&A2:
如何保護地理標示(G.I.)？

A：

　　就國際上而言，地理標示的保護大概可以分成以下三類：

1. 透過專法保護，亦即訂立特別法保護之，歐洲各國多以此類方式立法保護。

2. 透過證明標章、團體標章、團體商標等相類似的機制保護之，例如台灣。

3. 以相關商業慣保護之。

　　地理標示的保護方法，會因為各國法律制度不同而有所差異，不過基本上的保護地理標示的大原則都是相同的。

參考出處：WIPO: How are geographical indications protected?

DR.IP 博士

地理標示被奪，你還剩什麼？
（下）

可是她/他這樣一直守著大門我們也很難進去啊……

不如我們放棄算了……

看起來好痛……

不行！怎麼可以輕易放棄？鎮上的業主們都還在等著我們！

必須想辦法把蘇西支開，讓我們可以進去找A老板！

我想到了！

99

還真的一路往前走就到目的地啊！

不好意思打擾了！我是……

噠噠噠！

哼！既然有不知死活的傢伙可以躲過蘇西……

勇氣可嘉！

所以你是誰？

我是……佛蘭……

之前要代表那群業主找我談的人就是你吧?

沒錯!我要跟你談談!

你還是放棄吧!弗蘭!我是不會聽取你任何的意見,你們走吧!

是佛蘭西……

老板!這幾個傢伙還陰魂不散在餐廳搗亂!

柯比、布藍、蒂斯!

請問要如何處置!

吸氣！

要是您繼續堅持下去，這是將會是個法律訴訟的消耗戰！

想想看您要提告的可不是一個人！

那麼要用的時間和財力是乘倍的，非常得不償失

萬一要告個幾年，怎麼辦呢？

難道不會耗費貴公司的財力，甚至阻礙你們發展嗎？

難道你的顧問連那麼重要的事也沒告訴你嗎？！

這……

砰─!

這到底怎麼回事？為什麼停止訴訟了？!

你明知道這樣無止盡的訴訟對我們的公司也是傷害，卻沒有提醒我！

你還有臉來問我……

蘇西！

是，老板！

送客！

Roger！

哇！

從今天起你再也不是本公司的顧問，滾吧！

你的專業意見還不如那個看起來笨笨呆呆的IP博士實誠！

別讓我再見到你了！

IP博士……

叩叩!

來了!

笙、笙琳……

你這黑魔女還來幹嘛?!

我靠自己努力找回來的生意,你為什麼非得要來搞局!

你們這幾個短肥圓給我安靜!

笙琳,我沒有要害你的意思,我只是想……

Shut up!我不聽!

I'LL

BE

BACK!

博士，那……
怎麼辦？

沒、沒關係，先等
她氣消吧……

一群神經
病……

Q&A1:
什麼是智慧財產權?

A：
　　智慧財產權（intellectual Property，IP）指的是指
透過智力所創造的成果，例如發明、文學和藝術作品、設計、商
業中使用的符號、名稱和形象等。智慧財產權在法律上受到保護
，例如專利法、著作權法和商標法等。發明者或創造者能夠從發
明物或創造物中獲得識別以及相關經濟利益。智慧財產權制度的
目的在於營造一個有利於創造和創新蓬勃發展的環境，以在創新
者的利益和廣大公眾的利益之間達成適當的平衡。

參考出處：WIPO: What is Intellectual Property?

Q&A2:
智慧財產權有多少種分類?

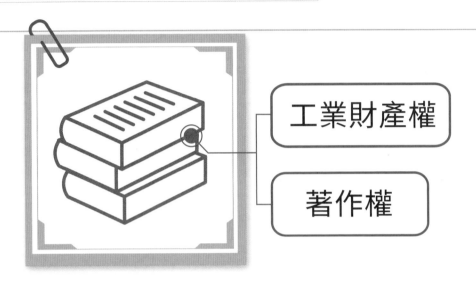

工業財產權

著作權

A：

以世界智慧財產權組織（World Intellectual Property Organization，WIPO）的分類，可以分成：

1. 工業財產權 (Industrial property)：專利 (Patent)、商標 (trademark)、工業設計 (industrial designs)、地理標示。

2. 著作權（copyright）：包括文學、電影、音樂、美術作品、建築等。

參考出處：WIPO: What is IP?

事件七

作品名稱被抄襲，你還剩什麼？

你終於來了……

話說回來，爲什麼談事情一定要在天臺上啊……

哼！

你到底是什麼人？到底對主人做過了什麼？搞得她一蹶不振！

不、我没有惡意，我是絕對不會傷害笙琳的……

那你知不知道，自從你找Ａ老板後，主人就接不到工作了！

接不到工作，主人整個人都頹廢了，

連最喜歡的臭豆腐也不吃了……

這和臭豆腐有什麼關系？

總之，今天我有東西想拜託你帶回去……

這名片你拿去，一定會幫到你們的……

你到底是爲什麼……

117

請問有什麼需要我幫忙的嗎?

事情是這樣的……我是個動畫導演,一直很希望做出一個以動物為主題的動畫片,

於是便想到以大家都熟悉的貓咪做了個動畫……

那是個以小男孩如何與一隻曾被遺棄過的野貓一起生活的題材。

雖然一開始困難重重,一人一貓從互不相讓到互相理解,還一起參加鐵喵比賽的故事。

正因爲這動畫爆紅了……

我知道！是《如何訓練你的貓》，最近很火的動畫！

我也喜歡……

不久後竟忽然出現一部一模一樣名字的電影！

不但如此，還把我們的故事、連設計也原封不動的搬上大螢幕！

還說是《如何訓練你的貓》的真人版！

可是我們從來就没有同意任何真人化的授權……

這令我與我的團隊非常震驚！

所以我才來找您看看如何處理……

因爲那是以真誠打磨出來的作品，它就像是自己的孩子一樣……

孩子……

說起來那時候我們未完成的人工智慧，

是不是和那猫耳的小不點長得有點像……

那種自己辛苦孕育出來的孩子，却被糟蹋的感受……

你不會明白的……

我明白……

商場

没有了?!

對,真的很
抱歉……

NBQ CINEMA

這部電影因爲
涉及著作權問
題已經被下架
了!

啊,已經被
下架了嗎?

博士，你是不是知道了些什麼啊？

反正本來就是未經同意的嘛！

被下架也是很正常不是嗎？

嗯？

翌日

這⋯⋯

沙沙！

客人不知道滿意我們的服務嗎?

要不是你們拒絕,我還可以爭取巨額賠償……

哼!這些小事我很快就解決了!

不用了,這樣已經很夠了!

感謝你!感謝把正義還給我的作品和我的團隊!

讓大家都知道真相,比什麼賠款都重要!

我先把這天大的好消息告訴我的團隊！

正義……我嗎？

啊，主人，客人掉了錢包……

我去還吧！你先回去！

喂！是我啊！

啊！導演！

Francis?

是啊！多虧她，對方把電影下架改掉，所有宣傳活動都暫停，並且還刊登了道歉啓事……

Francis，多虧你的好介紹啊！很快就替我順利解決了！

啊！你稍等！

導演，您剛剛掉錢包了！

哦！謝謝你啦！黑森林蛋糕小姐！

黑森林……

Francis?難道……

導演不會是他介紹過來的吧？

Q&A1:
Creative Commons是什麼？

A：

　　Creative Commons在華文裡有不同的譯法，如創用CC（台灣）、共享創意（香港、澳門）、知識共享（馬來西亞、新加坡）。其主要的目的在於使著作物能更廣為流通與改作，並使他人得據以創作及共享。一般來說，著作的使用都必須要取得著作權人的同意（即「所有權利保留」（All Rights Reserved），這樣對希望大量流通其創作的作者，反而造成困擾。法律學者 Lawrence Lessig於 2001 年在美國成立 Creative Commons 組織，提出「保留部份權利」（Some Rights Reserved）的方法。希望透過 Creative Commons模組化的簡易條件（4大授權要素，6種公眾授權條款），讓創作者可以挑選出最合適自己作品的授權條款，透過簡易的方式自行標示於其作品上，將作品釋出給大眾使用。

參考出處：「台灣創用CC計畫
：創用CC是什麼？」

What is Creative Commons and
what do you do?

Q&A2:
Creative Commons有哪些授權條款？

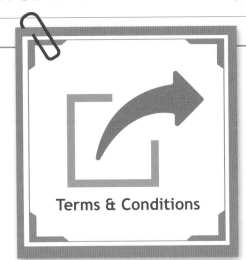

Terms & Conditions

X

A：

創用CC共有四個基本要素：

1. 姓名標示：您必須按照著作人或授權人所指定的方式，表彰其姓名。

2. 非商業性：您不得因獲取商業利益或私人金錢報酬為主要目的來利用作品。

3. 禁止改作：您僅可重製作品不得變更、變形或修改。

4. 相同方式分享：若您變更、變形或修改本著作，則僅能依同樣的授權條款來散布該衍生作品。

共組成六種授權條款：

1. 姓名標示

2. 姓名標示—非商業性

3. 姓名標示—非商業性—相同方式分享

4. 姓名標示—禁止改作

5. 姓名標示—非商業性—禁止改作

6. 姓名標示—相同方式分享

參考出處：「台灣創用CC計畫
：創用CC是什麼？」

What are Creative Commons
licenses?

DR.IP博士

事件八

商標被剽竊，
你還剩什麼？

早上

今天要麻煩大家
幫忙派傳單啦!

那麼早派這些
東西有用麼?

別壓著
我啦!

因爲,我們再不做一點
宣傳,我怕再下個月我
們會付不起租金哦!

交不出租金的話,
包租婆……

133

我们马上去！

啊！效率真快！

所以説清晨就是要活力充沛的嘛！

來，布魯也GO！

博士，既然事務所那麼吃緊⋯⋯

呃⋯⋯啊哈哈⋯⋯

那爲什麼你還要把幾個案子偷偷轉給黑博士啊？

果然真的是他介紹單子過來的……

主人，他們最近的業務情況似乎也不太好呢！

那就是這是個好機會！

復仇的好機會！

139

啪！

這是告訴狀……

告訴狀

我現在真的要正式告你剽竊我的商標！

沒錯！我可來真的哦！

等等，這一刻我再也無法沉默下去了！

在你最困難、沒有生意上門的時候，可是我們博士把自己的案子介紹過去給你的……

有你這樣恩將仇報的嗎？

小心我用燈柱揍你！

誰讓他這樣做了？

一天到晚只會做爛好人，不管是在以前實驗室還是現在自己出來辦事務所都一樣⋯⋯

就是哪裏！快走，又出事了！

佩登審核之⋯⋯

閃瞎妳死亡光線！

無效……

咦？

告訴狀無效，因為此商標並未收到任何註冊申請。

143

啪！

啪！

啪！

笙、笙琳⋯⋯

哼！別以爲你幾句甜言蜜語我就會上當！我只是一時忘了申請⋯⋯

我還會再來的！
到時你要還給
我⋯⋯

笙琳⋯⋯

博士沒事
吧？

嗯，我等你！

拜拜～

拜拜～

我相信，你一定
會回來的。

Q&A1:
什麼是商標？

A：

　　商標主要功能是企業在營業或交易過程中，用來指示商品或服務的來源，並和他人的商品或服務相區別。商標受到法律的保護，其通常是文字、詞語、記號或圖形，甚至是顏色、商品形狀或其包裝形狀、動態、全像圖、聲音等，或是由 2 種以上的這些元素所聯合組成。

一般而言，商標的使用不一定要註冊，但是註冊後才能得到法律的保護。如果商標沒有註冊，在沒有取得法律保護的情況下，別人使用你的商標時，無法主張對方侵害你的商標權，因此商標的使用仍建議應該申請註冊為佳。

另外，商標的註冊通常是向當地的主管機關申請，但如果是要到他國或是國際上使用商標，則應該到當地國家申請註冊。

參考出處：WIPO: What is a trademark　　　　認識商標，經濟部智慧財產局

Q&A1:
如何在多數國家申請專利保護

A：
因為專利權的屬地主義特性，所以有地域限制，只有在多個國家擁有專利權才能發揮最大的效益，目前在多個國家申請專利保護的選擇方式如下：

1. 直接向各個國家申請：申請人可直接在希望獲得專利保護的國家分別逐一的提出專利申請。

2. 以巴黎公約方式申請：也可以先在某個巴黎公約（《保護工業財產權巴黎公約》成員國之一）成員國提出申請，然後在首次專利申請日起 12 個月內向其他巴黎公約成員國分別提出專利申請，以便享有國際優先權（即以第一次申請案之申請日作為審查是否符合專利要件之日）。

3. 透過專利合作條約（PCT）方式申請：透過專利合作條約（PCT）的申請，在所有PCT成員國內都有效，相對來說，比直接向各國申請或是巴黎公約方式更為簡單、方便，也更有效率。

參考出處：WIPO: PCT FAQs

WIPO: 了解更多PCT知識

Q&A2:
專利合作條約（PCT）的申請程序為何？

 PCT 程序包括：

1. 提出申請：申請人以一種語言填具PCT所要求的形式文件，向一個會員國或地區的專利局或者WIPO提出申請，並繳納費用。
2. 國際檢索：由「國際檢索機關」(International Searching Authority, ISA)針對該發明檢索相關已公開的專利書和技術文獻（即先前技術 prior art），並對可專利性提出書面意見。
3. 國際公開：應自最早申請日起算，18 個月屆滿後公之於眾。
4. 補充國際檢索（可選）：申請人亦得要求，由第二個國際檢索機關進行補充檢索，主要是針對前一個國際檢索機關因語言或技術領域多樣性而遺漏的已公開文獻。
5. 國際初步審查（可選）：申請人得另向國際檢索機關申請，進行額外的可專利性的分析，通常是針對已經有修改過的申請案。
6. 會員國階段：在PCT申請程序結束後（自申請人首次申請日起30個月），申請人可以開始向希望獲得專利的會員國（或地區）請求授予專利權。

參考出處：WIPO: PCT FAQs

WIPO: 了解更多PCT知識